PHYSIONOMIES

PARLEMENTAIRES,

OU

QUELQUES PORTRAITS

DES MEMBRES DU COTÉ GAUCHE,

EXTRAITS

DES *LETTRES CHAMPENOISES.*

A PARIS,

CHEZ PILLET AINÉ, IMPRIM.-LIBRAIRE,

ÉDITEUR DE LA COLLECTION DES MŒURS FRANÇAISES,

RUE CHRISTINE, Nº 5.

—

JUILLET 1821.

PHYSIONOMIES

PARLEMENTAIRES.

(Extrait de la XLe Lettre.)

C'est n'avoir, Madame, qu'une idée bien superficielle et bien incomplète de la chambre des députés, que de ne la juger que par les extraits que les journaux vous donnent de ses séances. Ce n'est pourtant que de cette manière que peuvent la connaître ceux qui n'habitent pas le siége même du gouvernement. La parole écrite perd la moitié de sa valeur; elle est sèche et décolorée quand le froid de l'impression a passé dessus; mais quelle force, quelle énergie, n'acquiert-elle pas dans la bouche de l'orateur qui anime son éloquence de la magie de son débit, de la puissance de son geste et du feu de son regard? Mirabeau n'était point un homme véritablement éloquent; c'était un véritable orateur. Relisez aujourd'hui ses discours, vous les trouvez froids,

insipides, et vous vous étonnez de cette haute réputation qu'il a laissée, et qui plane encore aujourd'hui sur la tribune. Cependant quelle impression profonde cet orateur produisait sur ses auditeurs lorsqu'il apparaissait à cette tribune, et qu'il leur montrait *la hure*, comme il le disait lui-même. « Fort de sa mâle éloquence, grandi par sa
» déclamation, sa laideur disparaissait, il
» se montrait vraiment beau ; sa vigueur
» avait des grâces, tant son ame le trans-
» formait tout entier. Comme elle faisait
» bien servir ce qu'il avait de robuste en sa
» stature à toute l'énergie de ses expres-
» sions ! comme elle dirigeait bien ses gestes
» prononcés et rares ! comme elle affermis-
» sait son port altier, son maintien de lion !
» comme son génie accordait noblement et
» sans grimaces le feu de ses regards, le
» tressaillement des muscles de son front,
» de sa face émue et pantelante, et le mou-
» vement de ses lèvres, aux intonations de
» la vérité, de la véhémence, de la menace
» et de l'ironie ! » Ce passage que je viens de citer vous prouve, Madame, que l'on ne peut avoir aucune idée précise d'un orateur

si on ne le voit pas à la tribune ; il faut donc essayer de le montrer ; il faut, en quelque sorte, le matérialiser pour ses lecteurs. C'est ce que je me propose de faire dans une suite d'articles qui auront pour titre *Physionomies parlementaires*. Je prendrai tour à tour les orateurs qui ont le plus d'influence dans la chambre, et je les forcerai à comparoir devant vous. Je m'attacherai autant à la forme qu'au fond ; et, tout en essayant d'apprécier à sa juste valeur le caractère de l'éloquence de chacun, je m'efforcerai de le produire sous vos yeux avec ses gestes, avec son accent, avec ses intonations, et, si je puis m'exprimer ainsi, avec son allure ; enfin je vous donnerai une idée complète de sa *physionomie*. Mais avant de me placer devant les individus avec mes crayons, et d'esquisser leurs physionomies ; avant de prendre à part les orateurs les plus marquans, pour les considérer sous tous les points de vue, il est, je crois, nécessaire de jeter un coup d'œil général sur l'ensemble de la chambre, et de vous en donner en quelque sorte la statistique : c'est ainsi qu'un peintre dispose les masses de son tableau, et les balance avant de dessiner les figures et d'aborder les détails.

La chambre des députés se compose, comme vous savez, de quatre cent vingt députés, dont trois cents environ siègent au côté droit, et cent vingt au côté gauche. Vous voyez tout d'un coup, et par ce seul aperçu, que les questions qui intéressent la morale, la religion, la monarchie et la légitimité, devraient être résolues et adoptées à une très-grande majorité. Pourquoi n'en est-il pas toujours ainsi? Ceci tient à des causes que j'aurai occasion de développer dans des articles subséquens.

Si ce principe d'omnipotence parlementaire, qui a été posé par quelques membres du côté gauche, eût été adopté de conviction par les membres du côté droit, quel avantage immense n'auraient-ils pas eu pour arriver à ce but vers lequel ils tendent, celui de fermer pour jamais les portes de la révolution!

Cet avantage eût été d'autant plus grand que, comme vous avez pu le remarquer, Madame, il y a beaucoup plus d'unité dans le côté droit que dans le côté gauche : dans le côté droit, malgré la division et la subdivision des intérêts, ce qui arrivera toujours et nécessairement partout où il y aura des hommes, on reconnaît un chef; il y a plus, on en a besoin. Les forces motrices de ce côté sont invinciblement poussées à se centraliser, et se dirigent vers un point unique; on y a le bon esprit de savoir que lorsque des forces, même homogènes, n'agissent pas dans une seule et même direction, il n'en peut résulter que désordre et confusion : ainsi tous les intérêts s'étaient d'abord groupés autour de M. de Villèle. Je ne dirai point que cet honorable député fût au dessous de sa position et inégal au fardeau qu'il s'était imposé; mais, avec des vues administratives fort étendues, avec des connaissances positives des intérêts et des localités, il manquait peut-être de cette énergie nécessaire dans un chef, énergie qui double les forces, et sans laquelle les autres qualités perdent de leur relief et quelquefois de leur valeur. Il y a dans sa raison un calme, dans son talent une probité, qui le portent à réfléchir long-tems avant d'agir : ce sont des qualités partout ailleurs que dans la position où il se trouvait.

M. le comte de la Bourdonnaye lui a succédé ; il a autrefois combattu dans la Vendée, et il a en surabondance ce qui manquait à M. de Villèle. Il n'est peut-être pas aussi habile, sous quelques rapports, que son prédécesseur ; mais il est plus propre à diriger des masses ; il est meilleur pour les expéditions, pour les coups de main ; dans une discussion orageuse, il sait prendre un parti, ce qui est bien, et le prendre vite, ce qui est mieux ; c'est même presque tout en politique, où tout périclite et se perd par l'hésitation. Ce que redoutent principalement les hommes qui se mettent à la suite et qui ne peuvent jouer que ce rôle, c'est l'indécision dans celui qui les conduit ; ils ont besoin qu'on ait une volonté pour eux ; et, comme ils sentent intérieurement qu'ils sont incapables de vouloir par eux-mêmes, quand ils ont un chef qui veut fortement, en approuvant ses résolutions, ils se relèvent à leurs propres yeux, et leur amour-propre se persuade que, s'il faut une grande énergie pour vouloir, il en faut aussi pour approuver ce qu'un autre a voulu.

Cette disposition du côté droit à adopter un chef et à le suivre ne se rencontre pas dans le côté opposé, où les amours-propres sont plus entiers, où les ambitions poussent chacune devant soi et se conservent dans toute leur intégralité : là on semble avoir pris pour devise, *point de chef,* ce qui signifie que chacun prétend l'être, et que personne ne veut s'astreindre à suivre une ligne qu'il n'aurait pas tracée. Quel est, en effet, le chef du parti? est-ce M. Benjamin Constant? est-ce M. de la Fayette? est-ce le général Foy? est-ce M. Manuel? est-ce M. Laffitte? La question est insoluble : chacun se fait centre dans ce parti, ce qui prouve que l'intérêt particulier, et non le bien public, en est l'unique régulateur.

Au milieu de ces deux grandes divisions de la chambre se trouve placée une fraction intermédiaire, que vous appellerez *le ventre* ou *le centre,* comme il vous plaira. Je n'entrerai pas aujourd'hui dans des détails à cet égard : ce centre est, à mon avis, une de ces monstruosités politiques qui ne s'étaient encore rencontrées dans aucune assemblée délibérante, soit ancienne, soit moderne. Il y a, dans le parlement anglais, une opposition fort vive et fort animée ; mais on n'y connaît point ce corps mixte, cette espèce d'hermaphrodisme politique, incapable d'opérer par lui-même, manquant essentiellement de cette force virtuelle qui procrée et qui ne peut avoir de puissance et d'action que par une impulsion étrangère.

Comme mon projet est de vous présenter la chambre plutôt sous le rapport de l'éloquence que sous le rapport politique, j'éloigne les considérations qui pourraient m'y ramener malgré moi, et je me bornerai à quelques réflexions sur les causes qui, selon moi, s'opposent et s'opposeront toujours à ce que nous ayons des orateurs vraiment éloquens : il y en a deux principales, ainsi que je crois avoir déjà eu occasion de vous le dire ; les discours écrits et le règlement.

« Lorsqu'on vient à réfléchir, dit un au-
» teur anglais dans un ouvrage qui a pour
» titre : *Biographie critique du parlement*

» *d'Angleterre* (1) ; lorsqu'on vient à réflé-
» chir sur la composition d'une grande as-
» semblée populaire où tout paraît devoir
» être soumis à l'influence de la parole, il
» est impossible de ne pas être frappé du
» peu d'habileté qu'elle montre dans l'em-
» ploi de ce premier instrument de ses tra-
» vaux. Que dirions-nous du corps d'armée
» d'une nation guerrière qui n'aurait pas
» encore atteint le degré de précision qui
» convient dans l'usage des armes à feu?
» c'est pourtant ce que l'on peut dire de
» cette assemblée de Westminster qui ne
» doit s'occuper que du bien public. L'es-
» prit de notre constitution veut (et c'est
» ce qui a lieu en apparence) que toutes les
» mesures publiques soient proposées et
» discutées dans l'assemblée représentative
» du peuple, pour être approuvées ou re-
» jetées, selon qu'on en a démontré le mé-
» rite ou les inconvéniens. On y doit traiter
» des objets de la plus haute importance ;
» la paix, la guerre, les lois, la morale,
» les manufactures, le commerce, en un

(1) Un volume in-8º. — A Paris, chez Delaunay, et chez Pillet aîné.

» mot tout ce qui intéresse la prospérité,
» le bonheur et la gloire des nations. L'i-
» magination peut-elle concevoir un plus
» beau champ d'émulation pour les ora-
» teurs, des motifs plus puissans pour l'es-
» prit de l'homme de développer toute son
» énergie et toutes ses grâces à l'aide du
» plus noble organe, la langue? Qu'arrive-
» t-il cependant? une demi-douzaine envi-
» ron d'orateurs ont acquis une honnête
» médiocrité : on les charge d'établir la pro-
» position débattue ; ils en ont à peine pris
» connaissance ; aussi discutent-ils, le plus
» souvent, avec maladresse, tandis que d'au-
» tres auditeurs paresseux et presque in-
» soucians bâillent ou dorment, ou sinon,
» comme pour constater peut-être le droit
» qu'ils ont de siéger dans une assemblée
» où l'on parle, poussent de véritables cris
» de Stentor. »

Cette peinture que l'on trace ici de la chambre des communes ne représente-t-elle pas au vif notre chambre des députés? n'avons-nous pas tout juste cette demi-douzaine d'orateurs d'une honnête médiocrité? n'avons-nous pas ces honorables membres qui

bâillent, dorment ou se livrent à des con-
versations particulières ? n'avons-nous pas
enfin ces Stentors qui poussent d'effroyables
cris, et jettent des paroles de scandale au
milieu des plus importantes discussions?
Ce n'est point que je prétende, Madame,
que nous manquions d'hommes qui mon-
trent d'heureuses dispositions pour l'art
oratoire, et qui ne soient propres à la tribune; c'est ce que je prouverai quand il sera
question des individus ; mais je pense que la
manière dont on procède dans les délibéra-
tions , et le règlement surtout , s'opposeront toujours à ce que nous ayons de ces
hommes puissans par la parole, et qui en-
traînent la foule, comme Jupiter, de sa main
divine, soulevait tous les dieux.

Cette faculté laissée à chaque orateur de
se présenter armé d'un gros cahier est des-
tructive de toute espèce de mouvement oratoire. Il faut absolument renoncer aux grands
effets quand on lit au lieu de parler : on
pourra convaincre, mais jamais émouvoir.
Ce n'est que par l'action, et par une action
puissante, qu'on soulève les masses, qu'on
emporte ses collègues, et qu'on domine une

assemblée. Rien de pareil avec des discours écrits, fussent-ils coulés en bronze. La parole emprunte toute sa vie de la puissance du geste, du feu des regards, des émotions de la voix, d'une pantomime vive et animée. Privée de ce puissant auxiliaire, elle arrive, ainsi que je vous le disais tout à l'heure, sèche, décolorée et comme morte aux oreilles des auditeurs. Un homme qui monte à la tribune avec son éloquence dans sa poche, ne ressemble en rien à un orateur ; il s'enflamme à froid, gesticule en automate, et il ne faut que l'absence d'un feuillet pour tout à coup le paralyser et l'anéantir au milieu de ses plus éloquentes périodes. Grand Dieu ! quelle puissance dans un gouvernement représentatif qu'un homme, s'il pouvait se rencontrer, qui, orné de toutes les qualités extérieures qui constituent l'orateur, se présenterait à la tribune, et dont la présence seule imposerait silence et commanderait l'attention ; qui ne recevrait ses inspirations que des lieux, des circonstances, et surtout de sa vertu ; car c'est là le principe de l'éloquence, et c'est du cœur que viennent les grandes pensées et les nobles émotions.

Mais je suppose que cet orateur se soit rencontré, aurait il toute son action, toute sa puissance, paralysé qu'il serait par les minutieuses précautions d'un pareil règlement? comment être éloquent quand on ne peut parler au moment même de l'inspiration? et quand il faut attendre son tour d'inscription, comment retrouver ces beaux mouvemens qui ébranleraient toute une assemblée, quand on arrive à froid à la tribune? Il faut que la parole soit vivement empreinte des émotions de l'orateur; ce sont ces émotions qui stigmatisent les expressions, et l'on n'est pas éloquent tout juste à telle heure.

Mais, dira-t-on, sans ces utiles entraves du règlement, une assemblée deviendrait une arène où Jupiter tonnant aurait peine à se faire entendre, et où la victoire demeurerait à celui qui aurait les poumons les plus vigoureux : je ne veux point le nier, mais que faut-il en conclure, si ce n'est qu'il faudrait établir sur de nouvelles bases nos assemblées représentatives?

Quelle que soit la sévérité du règlement, on finira nécessairement par s'en affranchir, et tous les jours on procède à de nouveaux envahissemens. S'il n'est point encore permis de prononcer un discours sans avoir la parole, on se lance de ces vives apostrophes, on échange de ces malignes épigrammes qui échauffent et animent la discussion, c'est ce qu'on appelle *faire la petite guerre;* et déjà, dans ce genre, quelques membres de la chambre se sont acquis une certaine célébrité. M. le marquis de Chauvelin est celui qui a donné le premier l'exemple de ces petites escarmouches, mais il a trouvé ses maîtres dans le côté droit; et M. Cornet d'Incourt et M. de Puymaurin se sont montrés beaucoup plus forts que lui dans ce genre d'escrime.

———

(Extrait des XLIᵉ et XLIIᵉ Lettres.)

Je me proposais, Madame, suivant ma promesse, de vous tracer ici l'esquisse de quelques physionomies parlementaires, et de mettre sous vos yeux, au physique comme au moral, quelques-uns des membres les plus influens de notre chambre, lorsque, par le plus grand des hasards, il est tombé entre mes mains un manuscrit dont plusieurs copies commencent à circuler dans le public, et où se trouve en quelque sorte remplie la tâche que je m'étais imposée. « Il n'y a que nos amis qui connaissent bien nos défauts », a dit madame du Deffand. Comme je n'ai pas l'honneur d'être dans la familiarité de MM. les membre du côté gauche, je n'aurais pu les peindre que sous quelques rapports, et non pas les embrasser dans leur ensemble; j'ai donc dû regarder comme une bonne fortune que ce manuscrit soit venu entre mes mains, car l'auteur de ces portraits, comme vous le verrez facilement, est un libéral, et même un libéral de bonne foi; ce que, jusqu'à présent, je n'avais guère cru possible : il a donc peint d'après nature. Je vous envoie ces portraits tels qu'ils ont été tracés; ils sont, pour la plupart, comme vous le verrez, *dans le genre laudatif;* vous n'en serez point surprise, puisque c'est un ami qui tient le pinceau. Je n'ai pas besoin de vous dire que je n'adopte ni les éloges ni les critiques de l'auteur; il pourrait bien arriver, au contraire, que je fusse d'un avis diamétralement opposé au sien sur les uns et sur les autres ; mais j'ai cru qu'il ne serait pas inutile de vous faire voir comment ces messieurs envisagent les chefs de leur parti. « On n'est trahi que par les siens, » dit un proverbe ; vous verrez si ce proverbe dit vrai.

———

B. C. est le penseur, l'écrivain, l'homme adroit, le logicien par excellence. Point de tête plus riche que la sienne, point de mine plus féconde en politique spéculative ; il est devenu travailleur, et sa prodigieuse facilité s'en est accrue. Il serait un excellent président de chambre, un fin négociateur, un ministre (de tribune) désolant pour l'opposition : à quoi il faut ajouter la connaissance des hommes ; avec tout cela, ne peut rien, ne fera rien pour le salut de son pays.

Il sait la faction en masse, mais il la méprise au lieu de la craindre ; il ne voit, il ne devine, il ne prévoit, ni ses piéges, ni ses ruses, ni ses machinations, ni aucun des moyens d'action qu'elle combine, fût-elle même sur le point de les exécuter. Depuis quatre ans je le fréquente, et jamais, en aucun tems, je n'ai pu lui faire comprendre le but, la marche, la force, les succès assurés de la faction. Les événemens sont venus prouver mes prédictions, sans que sa vision ait changé de point de mire; il a tout ce qu'il faut, et bien plus qu'il ne faut pour être le prophète et le magicien politique de son époque. En travaillant à sa nomination, je croyais donner un Fox à mon pays, et je lui prévoyais un succès d'autant plus étendu, que je ne pouvais lui trouver de Pitt pour antagoniste. Il a rempli mes vœux comme orateur; comme travailleur, il l'est devenu. Voilà les éloges, voilà l'homme fort. Je vais le peindre sous d'autres aspects.

Il est utopiste, systématique, théoriste; il ne sait pas un mot de la France départementale; il parle en Mirabeau à une chambre sourde, à une majorité qui a juré d'avance son vote; croyant qu'il la ramènera, il *glisse* la vérité au lieu de la montrer dans toute sa nervure. Il est Apollon là où il faudrait être Hercule, puisqu'il en a la force; il combat pour *aujourd'hui*, comme s'il ignorait que c'est l'avenir qu'il faut terrasser; il croit à la puissance de la parole contre des intérêts

héréditaires, du raisonnement contre d'or-
gueilleuses et fougueuses passions, de la
modération contre la furie, de la vérité
contre le fanatisme. Ce que j'espérais, c'est
qu'il rallierait tous les *volontaires* de son
parti; c'est que, par génie, par adresse, il
les amènerait à sentir qu'il n'y a de force
que dans l'unité, et qu'il n'est point d'autres
effets à obtenir que faiblesse, duperie, per-
turbation, là où trente forces motrices
agissent simultanément. Pour opérer le mi-
racle, il ne fallait joindre que l'énergie au
génie, à l'adresse dont il est si riche; mais
l'énergie n'est, chez lui, qu'un jet : il en a
par emportement, il n'en a et n'en aura jamais à froid; or je ne connais d'énergie mo-
trice, dominatrice, que celle-ci. Il n'a pas
senti que le génie, que la finesse, que le tact
le plus exquis, que l'éloquence la plus sublime, ne sont jamais puissans que par leur
alliance avec l'énergie.

On dirait un homme qui succombe sous
le fardeau, s'il est forcé de le porter à une
grande distance. Il sait parler supérieure-
ment à une chambre qui sait écouter; il ne
sait pas ce que c'est que parler à la nation,

qui veut de l'esprit, mais qui n'en veut pas sans vigueur ; à la nation, qui a fatigue de brillans et spirituels discours, et soif de gens qui sauraient brûler la flotte.

B. C. est mal entouré ; je m'explique : s'il vivait au sein d'hommes fortement trempés, il marcherait du même pas qu'eux ; mais sa femme est toujours à l'épouvante, et sa clientelle politique loue continuellement la mesure, la prudence : vous jugerez combien il y a près de là à l'habitude de la pusillanimité. Il n'est pas vaniteux ; que n'est-il orgueilleux ! Il connaît bien Paris ; que ne connaît-il de même la France !

Il a tendance à *composer,* parce qu'il espère toujours d'une *composition ;* il a regretté le *maigre* Decazes : je ne dis pas qu'il ait été à lui, mais son penchant pour les *moyens termes* lui persuadait que Decazes pouvait servir la liberté, sinon pour la faire triompher, au moins pour la préserver d'une destruction totale. Il ne vit pas que Decazes n'était que l'utile messie de la contre-révolution, le chef visible du *parti* des *hypocrites,* qui marchaient à l'ombre des déceptions ; il ne vit pas que la faction héréditaire renverserait le favori quand l'heure en serait venue, et qu'elle se porterait son héritière. Decazes n'ayant rien fait que pour le pouvoir, et le pouvoir ne pouvant échapper à la faction qui domine tout à la cour, B. C. rêvait un avenir, sinon heureux, au moins tendant à l'amélioration, oubliant que, quand tout est vicié dans les organes vitaux de la société, il n'y a plus de possible que l'accroissement du mal.

Lorsque j'étais de *la Renommée*, en lui voyant faire un long bail, un traité à long terme, avec l'imprimeur, avec, avec, etc., je rabâchais l'obstacle imminent de la contré-révolution; et, fatigué par mes prédictions, C..... ne les supportait avec politesse qu'à cause de son amitié pour moi : c'est qu'il ne savait pas un mot de ce monstrueux système de pessimisme, qui est le véritable *typhus* de la France, et même de l'Europe. Il voyait notre ennemi à combattre dans le ministère, lorsqu'il n'était que dans la faction.

Il n'a jamais vu que, de tous les ministres de la restauration, celui qui nous a fait le plus de mal, c'est Decazes, parce qu'il a *léthargisé*, asphyxié la France, étouffé l'esprit public, gâté, corrompu les mœurs patriotiques, et réduit l'énergie en quiétisme. Il ne voit pas clair encore, et il a une vue capable de percer dans l'infini.

Lorsqu'il partit pour aller faire connaissance avec le département de la Sarthe, connaissant le terrain, les incidens périlleux, les tentatives chouanes possibles, je lui écrivis huit pages pour empêcher que sa femme ne l'accompagnât, et pour lui représenter toutes les sortes d'inconvenances féminines, sociales, locales, etc. Je lui dis: « Il n'est pas sûr que les inviolables ne tentent quelque attaque hostile ; que ferez-vous d'une femme en pareille occurrence ? » La femme l'emporta sur l'ami. Qu'est-il arrivé ? sans le génie et la toute-puissance de S^t...... il y eût eu un combat, effusion de sang, à l'arrivée des députés ; le régiment et la gendarmerie étaient sous les armes et en bataille pour comprimer, puis pour sabrer ; et les provocations étaient montées.

A Saumur, M. S^t...... n'était plus là, il y a eu du sang répandu, des coups de fusil ;

on a attaqué à la sape les portes de la maison où C...... dînait avec sa femme.

———

L.. F..., qui a les plus nobles sentimens, le dévouement le plus désintéressé, le plus franc que l'on puisse désirer dans un patriote, joint à d'aussi belles et honorables qualités le courage froid, le calme d'esprit, un jugement sain, parce qu'il a beaucoup vécu au milieu des hommes de faction et des tourmentes révolutionnaires , parce qu'il n'est point agité par les passions. Son ambition n'a de but que la gloire ; il n'en est pas de plus noble ! Son cœur est plein de vertus ; il ferait avec joie ce que fit Codrus. Par sa popularité immense, par sa réputation , par tous les antécédens qu'il tient d'elles, il a tout ce qu'il faut pour faire, il a même un talent fort rare, celui de faire un court discours improvisé tellement fort, persuasif, entraînant, électrisant, que je ne sais personne à qui le comparer actuellement. On n'est pas plus riche en moyens de faire et d'oser *par influence ;* mais il faut un plan aussi grand que la situation où l'on est l'exige ; il faut dominer fortement tout ce dont on est entouré, afin d'arriver au grand but, l'unité des volontés, des moyens d'action, et il est, au contraire, dominé par tout ce qui l'entoure. Il est naturellement si bon qu'il cède à toutes les influences, qu'il ne sait pas vouloir ; en sorte qu'on pourrait dire de lui qu'il est toujours plus ou moins de l'avis du dernier qui lui a parlé ; et ses résolutions ressemblent à l'œuvre de Pénélope.

Voilà, Madame, il faut l'avouer, un portrait magnifique. L'auteur ne procède, comme vous voyez, que par points d'admiration et d'exclamation : on ne peut mettre un héros sur un piédestal plus élevé ; mais qui n'entend qu'une cloche n'entend qu'un son, dit un vieux proverbe. Voyons maintenant comment ce même homme est jugé par les étrangers ; le morceau que vous allez lire est extrait de *l'Observateur autrichien.*

« Le discours que le général de la F*** a prononcé le 4 juin, dans la séance de la chambre des députés, à l'occasion du budget, montre d'une manière frappante jusqu'à quel point l'erreur et l'aveuglement sont incurables dans un esprit médiocre, lorsqu'une forte dose d'amour-propre lui ferme le retour à la vérité, et rend inutile pour lui une vie entière d'expériences aussi funestes qu'amères.

» Ce discours est une longue apologie de tous les principes qui ont fait naître la révolution française ; une violente diatribe contre ceux qui trouvent ces principes incompatibles avec la situation actuelle de la France, et qu'on accuse en conséquence de tendre à une contre-révolution ; enfin un appel public, non équivoque et naïf à la nation française, pour qu'elle se secoure et se sauve elle-même.

» Dans toute l'étendue de ce long discours, dont plusieurs passages sont véritablement révoltans, et que, pour de bonnes raisons, nous croyons n'être pas de la composition de l'homme qui l'a lu à la tribune, quoique ses sentimens y dominent, il n'y a pas une seule pensée qui mérite un examen sérieux.

» Ce sont toujours les mêmes principes qui, séduisans dans leur nouveauté, sont insoutenables dans leur développement pratique, pernicieux et funestes dans leurs résultats, portent, partout où ils pénètrent, le bouleversement et la destruction, la guerre civile et extérieure, la sanglante anarchie, toutes les horreurs d'une violence aveugle, et qui annoncent et amènent inévitablement le renversement de l'ordre social. L'orateur n'a pas su produire un seul argument neuf pour ce système réfuté mille fois par la raison et l'expérience, et jugé déjà depuis long-tems par tous les hommes véritablement sensés de notre tems. Sa diatribe n'est pas fondée sur la conviction; il ne voulait que réchauffer l'esprit de parti, nourrir des animosités personnelles, et soulever toutes les passions haineuses contre la constitution et le gouvernement existans. Il sera sans doute élevé jusqu'aux nues par les chefs de la secte avec laquelle il a vécu, et paraît vouloir mourir; mais il sera sûrement tourné en ridicule par la saine masse de la nation. L'époque est passée en France où l'on attendait la régénération de l'humanité des *apôtres de la sainte insurrection.*

» Le général de la F*** n'est pas le seul de ses contemporains qui, sourd à la voix de la raison reprenant son empire, et même à la voix terrible de l'expérience, soit resté fidèle à ses anciennes erreurs; mais par l'obstination avec laquelle il a bravé tous les sentimens que sa propre vie aurait dû réveiller en lui, il est sans contredit un des phénomènes les plus rares de cette classe, et même un des plus instructifs, en tant que l'extrême période d'une maladie peut en faire connaître la véritable nature. Qui ne s'étonnerait pas qu'un homme qui, de tous ceux qui existent encore, a le plus fait pour la révolution, sans recueillir autre chose que des bouleversemens et des malheurs; un homme qui a vu, dans une incapacité totale, échouer tous ses plans mal conçus, tous ses instrumens brisés, ses remèdes prétendus convertis en poisons, son roi, sa patrie, ses crédules amis, ses vaines espérances, périr sous les attentats des assassins; qui, couvert de honte et d'affronts, fut obligé de se retirer du milieu dés débris de l'édifice qu'il avait voulu élever, et paraissait n'avoir sauvé sa vie que pour être le témoin de l'enchaînement de crimes, de bouleversemens et de tyrannies, dont ses coupables erreurs avaient ouvert la carrière ; que cet homme enfin, dans un âge avancé où la réflexion et le repentir devraient seuls occuper sa solitude, monte encore aujourd'hui à la tribune pour étaler, avec une inconcevable assurance, les mêmes maximes qui, après trente ans des plus terribles épreuves, peuvent à peine faire encore quelque illusion aux hommes les moins sensés ; que, non content de la gloire digne d'Erostrate, d'être un des auteurs de la révolution française, il veuille rallumer l'incendie à peine éteint, le répandre en Europe, et le propager sur la postérité. Un tel spectacle, lorsque la première impression est passée, ne peut qu'être effrayant et fournir une leçon frappante ; peut-être est-ce le seul service que l'apologiste de tant de maux devait rendre au monde. »

———

D'Argenson est un inébranlable et ardent patriote ; il veut la liberté de toutes les forces de son ame : la patrie n'a pas un ami plus dévoué. Il a une grande fortune ; mais il a l'entourage et les habitudes d'une commère politique : c'est l'avoir peint. Il faut dire aussi qu'il n'a aucunement les moyens oratoires, ni les grandes conceptions; excellent en deuxième, en troisième, jamais il ne se fera suivre; sa destinée est d'être à la suite, et il croit pouvoir se mettre en tête ! Cela se peut dans une Alsace; ailleurs c'est impossible.

Dupont est le beau, le sublime antique du patriotisme : on ne peut avoir plus de vertus, plus de vénérables vertus. Son amour pour la patrie a comme réalisé le beau idéal. Il l'aime à toutes les minutes avec *émotion*; il gémit sur elle avec *mélancolie*; l'idée de souffrir, de mourir, d'être tiré à quatre chevaux ne l'affecterait pas. Il retournerait à Carthage comme Régulus, il mourrait comme Léonidas, il boirait la ciguë comme Socrate. Je le répète, c'est l'antique du patriotisme dans une ame qui a la candeur de l'adolescence; je dis plus : ces éloges, personne ne les démentirait, même dans les contre-révolutionnaires (1), sans être obligé de se trouver immoral;

____

(1) Vous voyez que, par *contre-révolutionnaires*, il faut ici entendre les membres du côté droit.

mais voilà que la tête, bonne cependant, n'est pas sur la même échelle; il faudrait joindre à cela le possible, quelques grains d'ambition et d'orgueil.

———

Chauvelin a de l'esprit comme un diable, mais un esprit *de prétention;* aussi est-ce un esprit de chicane, de détail, d'épigrammes, de morsures; il vise toujours à *l'effet,* ce qui prouve la vanité, l'ambition, et la maladresse plus commune qu'on ne croirait, même dans les hommes très-fins, et certes celui-là est fin. Mais pour savoir s'il a été fin comme il voulait l'être, s'il a conquis ce qu'il voulait conquérir, il ne faut qu'observer le jugement même de Paris sur lui. Au jour du danger, quelques-uns, plus ou moins, ont cherché des appuis; aucun n'a même eu la pensée que Chauvelin serait *de ressource;* c'est qu'en lui ôtant le ridicule à exploiter, on sent d'instinct qu'on ôterait à son esprit beaucoup de ses alimens. Toujours marquis, il ne veut pas l'être; républicain, il n'est que frondeur ambitieux; il se cache sottement avec beaucoup d'esprit; *partisan* dans la chambre, il n'y fait le guet que pour son compte : voilà bien des nuances qui viennent se fondre en une seule couleur, celle de *moi*.

—

Martin de Gray ; le ciel lui rend la vue physique : il est plus, il est moins que Dupont. Tout tient, dans les différences, aux facultés, aux antécédens ; c'est la même famille, on n'est guère plus proche parent sous le rapport du *nom* politique.

—

Vu dans un salon, Bignon a l'air d'un petit-maître. Il a de la cour dans les manières, du négociateur dans les communications. Ce n'est pas là Bignon. Il a en portefeuille grande et haute administration ; il en sait manier la pâte. Il sait la faire, la composer *pour le moment*. Je crois qu'il ne serait pas plus embarrassé pour *l'avenir* ; il ne sait peut-être pas l'administration de commune, de département ; il sait celle d'un ministère de l'état de la combinaison européenne. C'est le seul praticien parmi ceux que j'ai appelés devant vous. Je le crois de mesure pour toutes les circonstances où il n'y aura pas *bataille*. C'est le seul homme d'Etat sachant le *secret* et l'œuvre d'un gouvernement ; mais il faudrait *le placer* ; il ne *se placera pas*. Il est si rare de trouver l'homme qui sait dominer les hommes ! mais il les conduirait bien, une fois placé. Il n'est théoricien que tout juste, assez pour justifier sa pratique.

Député, il ne parle que par écrit ; je le lui ai reproché ; ce n'est pas comme cela qu'on émeut, qu'on transporte les masses, qu'on domine ses collègues, qu'on terrasse de puissans antagonistes. Cependant ses discours sont coulés en bronze ; toujours ils sont historiques ; il n'en restera point de notre époque si les siens ne restent pas. Il faudrait en lui un *nous* plus prononcé, il lui faudrait, en place de son aménité, plus de froide sévérité. Il est Français, je le voudrais *antique*. Il craint trop de parler sans avoir écrit ; cette défiance de lui-même lui ôte de ses forces devant ses collègues et dans l'opinion. Il sait cependant bien les puissances magiques des inspirations oratoires ; il les aurait dans une minorité *forte et unie*, car il ne lui manque rien en moyens ; mais la *timidité amour-propre* l'arrête : je *le déplore* (1).

———

Corcelles se tient sur la ligne qui convient à la circonstance, à l'esprit national. Aucun discours ne va plus au but à *découvert* que ses discours. On le trouve *mauvaise tête*, parce qu'il est toujours à l'énergie, parce qu'il se crispe à la seule idée de *composer*. Il ne paraît pas seulement indigné, il est vraiment parfois emporté dans le ton, dans le geste. Il ne lui faudrait que dire avec calme ce qu'il dit avec impétuosité. Ce qui prouve que le côté gauche ne sait ni sa situation, ni celle de la faction, ni celle de la France, c'est qu'il craint son arrivée à la tribune ; c'est qu'il ne l'a jamais loué, et qu'il a toujours mérité de l'être pour la ligne qu'il a suivie, pour le courage qu'il a montré. Il fallait le supplier de dire paisiblement ce qu'il a dit avec chaleur, il eût entendu le conseil : pour mériter l'éloge

(1) Ce portrait est, comme vous voyez, un peu différent de celui qu'a tracé M. de Pradt dans son *Ambassade à Varsovie.*

entier, il eût fait effort sur lui-même, et il l'eût mérité. Mais il fait peur aux gens qui n'osent avancer, et laissent avancer contre eux les tirailleurs, les mineurs, les colonnes, les masses, sans même se douter que chaque jour les assaillans enlèvent une nouvelle position.

Corcelles est aussi patriote, aussi énergique qu'on peut l'être ; il a précisément tous les sentimens qu'on peut attendre d'un député de Lyon. Il ne sera pas chef au conseil ; que l'heure arrive, on le verra chef au milieu des dangers.

———

Foy a visé à gagner l'armée. Il a uniquement visé à ce genre de popularité, il a visé pour *lui-même*. Il a long-tems ménagé le pouvoir, comme s'il avait craint de fournir des antécédens contre lui-même, pour le tems où il arriverait au pouvoir. Il a long-tems pensé que le gouvernement actuel ou le craindrait, ou serait forcé de venir à lui. L'ambition lui donne quantité d'illusions, dont il est revenu à cause des événemens, plutôt que par conviction ; quand il a été énergique, son caractère lui a échappé ; toutes les fois qu'il s'est contenu , il n'a été que calculateur ; sa passion pour un ministère, voilà son guide habituel ; il pourrait servir la patrie , mais il veut d'abord que la patrie le serve. Il a une très-grande capacité. S'il eût eu le caractère de Dupont , nous aurions une France.

———

Laffitte est un millionnaire à banque , et , vu son coffre-fort , il aurait pu changer la face du monde en changeant celle de la France ; mais son esprit , son patriotisme , se règlent en argent.

———

Casimir Perrier est devenu orateur ; l'on fixerait l'époque où il mériterait comme tel de la célébrité ; car ses progrès sont prodigieux en valeur et en rapidité ; mais il demandera toujours à sa caisse la boussole de son dévouement à la liberté.

———

Sébastiani se forme à parler : il a de la tête, mais il ne sera jamais l'antagoniste du despotisme qui l'adoptera ; tous les impérialistes en sont là.

———

Parlons maintenant de quelques pairs.

———

Je commence par mon vieil ami Lanjuinais : on ne portera jamais à un degré aussi éminent les vertus patriotiques et privées, l'intrépidité de tribune, l'inébranlable fermeté dans la ligne du devoir et des principes. Sous ce rapport, c'est un Gibraltar ; mais, comme Gibraltar aussi, il est immobile, il ne brise que les lames qui sont lancées contre la position qu'il occupe. Il sait tous les morts, il ne sait pas un vivant.

———

. Le duc de B., que vous connaissez, est plein de talent ; qu'en a-t-il fait ? il a été un des ouvriers de Decazes pour démolir notre vraie charte, la loi du 5 février.. Il avait compté arriver au ministère en se faisant *caziste* ; maintenant il gémit, dit-on, sur son erreur : il a aidé à faire le mal, impossible à lui d'en réparer la millionième partie. Voilà les .... Il n'a jamais éventé un projet des contre-révolutionnaires, aucun dessein du comité européen ; il n'a jamais conçu ni la situation de l'Europe ni celle relative de la France ; il a cru que nous avions des institutions, que la liberté était forte ; il a cru tout ce que Decazes et de Serres ont voulu lui faire croire, vanité sous un air modeste, aristocratie sur des formes que j'ai vues passablement démocratiques. Il est de l'école de sa belle-mère, c'est un gobe-mouche politique avec beaucoup d'esprit ; il est patriote comme un duc aristocrate ; il ne sera jamais que dans les bagages des hommes d'Etat ; il sera toujours pour son ambition, jamais pour la patrie ; il ne conçoit pas l'*égalité*, ajoutez qu'il ne sait ce que c'est que l'énergie.

Daru est un homme d'Etat nerveux, profond, praticien, patriote, immense en moyens, inébranlable dans ses principes ; mais il se sent de l'école où il s'est formé, il a un caractère dominant, despote avec justice. Il saurait gouverner, mais ce serait par un grand pouvoir. Chef de l'Etat, il nous sortirait de la tyrannie, mais il ne nous ramènerait pas à la liberté ; il ne nous ferait rétrograder que jusqu'au despotisme, qu'il exercerait en honnête homme qui veut de l'absolu.

Boissy d'Anglas est demeuré patriote, autant qu'on peut l'être après avoir fait partie de la cour de Napoléon. Ségur, Pontécoulant, etc., sont sur la même ligne.

———

Il y aurait eu, Madame, beaucoup de notes à faire sur ces esquisses ; mais j'ai voulu laisser parler l'auteur tout seul. Je me réserve de vous peindre aussi, à ma manière, quelques-uns des honorables membres dont il est ici question : c'est du choc des opinions que naît la lumière.